ぼくたちは移行期の地球をサポートするために生まれてきた

南川ひろこ

彩雲出版

一九九一年六月に起こったある不思議な体験をきっかけに、私の人生は思いもしない方向へと展開していった。

それまでの人生には常に不安と恐れがつきまとっていた。人生はただ苦しくて大変なことの連続で、それでも束の間《つかま》の幸せをかみしめながら私は生きていくのだろうと思っていた。

この人生の中で、自分の本当の故郷と呼べる場所に立てる瞬間がくるなんて想像もしていなかった。まして人間が死と呼ぶ瞬間のあとにも、まだ生き続けるなんて考えたこともなかった。

著　者

目次

装丁／クリエイティブ・コンセプト

ぼくたちは移行期の地球を
サポートするために生まれてきた

序章――降下

「行ってらっしゃい」

光り輝くオーラをまとった光のかけらたちが、渦巻く光の泉を見下ろしている。

銀河の中心からもっともかけ離れた位置にある地球。特別な役割と目的を担って地球が選ばれて以来、光は無数の個に分かれ、分離を体験し続けてきた。


「私たちはいつもあなた方と共にいます。

あなた方はすぐに忘れてしまうことになりますが、あなた方の内側からいつでも愛を送り続けます。

どうぞ三次元という制限に満ちた世界で、肉体のあるときにしかできない体験をたくさんしてきてください。

あなた方の体験は、あとから降りていく魂たちに大いに役立てられることを忘れないでいられたらいいのですが……」

「行ってきます」

個性を象徴する色とりどりのオーラをまとった魂たちは、それぞれの誕生時間に向かって母となる人物の子宮の中へ降りていった。

光のエネルギーを携《たずさ》えて人として生まれ、ある太陽系のサイクルを完結するために。

目覚め

漆黒《しっこく》の宇宙に光り輝く青い星。

わくわくする感覚とかすかな緊張感……。

地図でよく見る日本の島が見えてきた。威厳のある深い声。その声がぼくにある種の覚悟を抱かせるようにこう言った。

「あの小さな島国にある北の大地。あの地でお前は生を受ける」

その声は他にも何か言っていたけど、目が覚めたとたん、他の言葉はすべて忘れてしまった。声の主がどんな姿だったかも覚えていない……。

もしかしたら、声だけだったかもしれない。

あの夢はいったい何だったんだろう？　生まれる前に、自分が生まれる場所とか両親を決めてくるなんてことがあるんだろうか？　ただの夢とは思えなかった。

この春、ぼくは中学生になった。中学生になったとたん、全員同じ制服を着せられ、きゅうくつな規則に縛られて、ひたすらテストの点数と格闘する毎日が始まった。

初めて制服を着たときは少し大人に近づいた気がしてうれしかったけど、そんな浮かれ気分は最初だけだった。大学生の兄貴《あにき》がいる友達が教えてくれた。「制服や細かい規則は、大人が元気すぎるぼくたちを扱いやすくするために必要なんだ」って。

大人は思春期のぼくたちを全く信用していない。信用されているって感じていれば、そうバカなことをしたりはしないのに。それとも大人自身が自分たちを信用していないから、子供たちも信用できないってことなのか?

ぼくはお父さんみたいに運動神経はあまりよくない。絵のセンスはないし、歌うのは好きだけどうまくはない。うまいかへたかなんて気にしないで、絵を描いたり歌ったりしてた頃の自分はもういない。

小学校の低学年までは毎日がただ楽しいだけだった。毎朝決まった時間に起きなきゃいけないことだけがちょっといやだったけど、遊ぶのが仕事みたいな毎日だった。

大人になったら何になりたいかを考えるだけで楽しかった。サッカーや野球のプロスポーツ選手、お母さんがよく見ているドキュメンタリー番組に出てくる名医と呼ばれるお医者さんや、宇宙飛行士……。どれも人の役に立つ仕事や、たくさんの人たちを喜ばせる仕事だから、ぼくはひとつに決められなかった。自分には無限の可能性があって、自分がなりたいものには何にでもなれると思っていた。

幼稚園の頃はよく「ぼくもオリンピックで金メダル取って、お母さんに金メダルかけてあげるね」と言っていた。お母さんの喜ぶ顔がただ見たくて、ぼくはそのとき本気で金メダルを取ってあげたいと思った。

もちろん、人生はそんなに甘いものじゃないってことは、今はよくわかっている。どんなに頑張ったってオリンピックの金メダルは各種目でひとつしかない。世界でたったひとつだけ。だから価値があるんだって大人は言うけど……。この星はみんなが幸せを感じられるようにはならない仕組みになっている。

小学三年生のとき、ぼくはお父さんのすすめもあって地元の少年サッカーチームに入った。初めのうちは楽しかった。友だちもすぐにできたし、サッカーがうまくなれば試合にも出られるようになる。どんどん勝ち続けていけば全国優勝だ。監督もみんなも親たちも、目標に向かってひとつになっている感じがぼくはうれしかった。だけど、そんな楽しい思いはすぐに消えていった。

監督の前では礼儀正しいのに、監督がいなくなると態度が豹変《ひょうへん》する上級生たち。レギュラー選手に選ばれた上級生が、下級生に意地悪しても注意しない監督。小さなミスひとつで、生きている価値もないような暴言に耐えなければいけない日々……。

どんなに一生懸命練習しても、結果がついてこなければ認めてはもらえない。そこは勝つことだけが求められる世界だった。

ぼくはお父さんの期待に沿うこともできずに、結局五年生の途中でやめてしまった。お父さんもぼくのサッカーを見て、これ以上やってもレギュラー選手にはなれないとわかったらしい。ぼくがやめたいと言ったときも反対しなかった。

それからは塾通い。塾ではテストの点数がすべてだ。ぼくは今度こそ二人を喜ばせようと一生懸命勉強した。おかげで成績はどんどん上がっていった。テストの点数が上がるたびにほめてもらえたし、ぼくは自分の価値も一緒に上がっている気がして何だかうれしかった。ついこの前までは……。

いつからだろう？　自分と自分以外の誰かを比べては、いい気持ちになったり、いやな気持ちになったりしだしたのは……。たぶん成績というはっきりした数字で、自分の価値を評価される現実を受け入れるようになってからかもしれない。

だからって、ぼくにはどうすることもできない。このままみんなと同じようにやっていくしかない。もっと成績を上げて少しでもいい高校に入って、いい大学に行って、親が喜ぶような会社に就職して……。

だけど、そうなったら本当に心から幸せだ、楽しいって思える毎日が送れるようになるんだろうか？　もし希望どおりの学校に入れなかったら？　親や先生が喜ぶような会社に入れなかったら？　何だか考えれば考えるほど気が滅入《めい》ってくる。

ぼくは何のために生きているんだろう？　人の評価を気にしながら生きていく人生なんていやだ。ぼくはただ幸せを感じながら生きていたいだけなのに。

また夢を見た。

真っ暗な夜空に満天の星がきらきら光り輝いていた。じっと見上げていると、突然たくさんの白い光が流れ星のように流れたり、上下にものすごいスピードで移動し始めた。

（とうとう、その時が来たんだ）

ぼくはこの地上で生きている自分のことを誇らしく感じながら、白い光を見つめていた。

目が覚めて今見た夢のことを考えていると、額の真ん中に何か目に見えないエネルギーがギューーッとやって来た。

（空を見なきゃ！）

ぼくはふとんの中から飛び出して、カーテンを開けて夜空を見上げた。

すると何も無い空間に、いきなりたくさんのオレンジ色の光が現れた。

よく見ると、それは巨大な物体についているライトのようだった。輪郭《りんかく》ははっきりしなかったけど、確かにそこには何かがあった。

それは音もたてずにスーッと現われて横に移動したと思ったのも束《つか》の間《ま》、すぐに消えてしまった。まるでぼくに目撃させることが目的だったかのように。

「母船《ぼせん》」という言葉が頭の中に入ってきた。

興奮してもいいはずなのに、なぜか心の中は静かだった。そのときのぼくはただの中学生ではなく、何か重要な任務を任された大人のような気持ちでそれを見ていた。

ふとんに入って、今目撃したものを忘れないように頭の中で何度も再生していると、胸の奥のほうから言葉にできないくらい幸せな思いがあふれてきた。誰かがぼくを見守ってくれている、そんな気がした。

ある晩、いつものように夜空を流れる白い光と巨大な光の物体を思い出しながら幸せな気分に浸っていると、全身がピリピリしたやわらかい電気のようなエネルギーに包まれていった。

（何？）

体を動かそうとしたけど動かない。そのままじっとしていると、ブーンという小さな振動音が聞こえてきた。

（何の音だろう？）

すると突然、額の真ん中にビームのようなエネルギーが照射された。そして頭のまわりをまるで何かの処置をしているみたいに、ビームが移動し始めた。目を開けようと思えば開けられたけど、ぼくはそうしなかった。だって目を開けたら途中で終わってしまう気がしたから。

そして、そのままぼくは眠ってしまった。

次の日の夜、横になって目を閉じると、また全身が小刻みに振動し始めた。ブーンという音とともに全身の振動はどんどん強くなっていく……。と、ぼくの意識が体から抜け出て静かに上昇していった。怖くはなかった。

天井のあたりまで上がったとき、ぼくはふとんの中にいる自分の寝顔を見た。なんかへんな感じがしたけど、体の中に戻ろうとは思わなかった。

(月まで行きたい！)

場所をはっきり指定したほうがいい気がして、ぼくはそう心の中で叫んだ。すると女の人の声がした。

「今はここまで」

(そっか、まだだめか)

そう思ったとたん、ぼくは落下し始めた。一瞬、床にぶつかるんじゃないかと思ったけど、すんなりと肉体の中におさまった。

(今のは夢?)

いや、夢なんかじゃない。だってぼくは、まだ眠ってなかった。

ぼくは時々体から抜け出すようになった。とはいっても自分の行きたい場所に自由自在に行けるわけじゃない。

体が振動し始めて意識が体から離れていくところまではいつも覚えている。体の中に戻るとき、そばに誰かの存在を感じたこともある。でも意識が体の中に戻って目を開けたとたん、行ってきた場所も見たり体験してきたりしたことも、ピッと消去ボタンを押されたみたいに思い出せないことが多かった。

体から抜け出すようになって思い出したことがある。あれは四年生のとき。ぼくはサッカーの練習試合中に相手チームの選手と思いきりぶつかって脳震盪《のうしんとう》を起こした。気がつくとぼくは、みんなより少し上のほうからその様子を眺めていた。監督やみんなが駆け寄ってきて、そのうち救急車が来た。ぼくは担架《たんか》に乗せられて救急車に運ばれていく自分の体を、上のほうから見下ろしていた。

病院のベッドに寝ている自分の体に戻ったとき、ぼくは思った。

（あぁ、またこの狭くて重たい体の中に戻ってきたのか）

ホッとしたのと同時に、なぜかすごく残念な気持ちになった。だけど、あれはてっきり夢なんだと思っていた。でも今ならわかる。あのときぼくは、体から抜け出していたんだ。

体から抜け出したときの解放感は、地上では決して味わえない感覚だ。体から抜け出しているときのほうが本当の自分に戻っているような気がして、不思議なほど深い安らぎと幸せな気持ちでいっぱいになる。

体から抜け出しているとき、ぼくは死んでるってことになるんだろうか？

（いや、違う）

体から意識が抜け出しても、ぼくはいろんなことを考えたり見たりすることができる。

ということは、人は死んでもそれで終わりじゃない。

だけど死後の世界って？　人は死んだらどうなるんだろう？　生きている間に、こんなことを考えるのはいけないことなんだろうか？　人はいつか必ず死ぬのに、大人はどうして死の話をあんなに嫌がるんだろう？　死んだらどうなるかわからないから？

横になって目を閉じたまま、ぼくは体から抜け出すのを待っていた。心地よい振動、そしてブーンという小さな音……。暗闇の中に渋《しぶ》いゴールドの閃光《せんこう》が走り虹色の光が見えたと思った次の瞬間、ぼくは宇宙船の中のいすにすわって窓から外の景色を眺めていた。

青く光り輝く美しい世界。

(すごい。こんな世界があるんだ!)

うまく言葉にはできないけど、そこは地球では決して見ることのできない光に満ちた世界だった。地球よりずっと繊細《せんさい》で、愛に満ちたエネルギーですべてが作られている、そんな気がした。

心地よいエネルギーに包まれたまま、ぼくは目を開けた。体から抜け出した感覚はなかった。まるで二つの世界が「今ここ」に同時に存在していて、より繊細なエネルギー世界を垣間見ただけのような、そんな感覚だった。

ぼくはいったい何を体験しているんだろう? ただの夢を見ているだけなんだろうか? でも光の物体を見たのは夢じゃない……。ぼくは何か大事なことを忘れている気がする。

中学生活は忙しい。勉強に部活、塾と毎日ハードなスケジュールでゆっくり何かを考える時間なんてあまりない。それともぼくたちが余計なことを考えたりしないようになってるんだろうか？　学校や社会、もっといえば、この世界のあり方に疑問を持ったりしないように。

いったいいつになったら世界は平和になるのだろう？　それとも平和な世界なんて、永遠にやって来ないのだろうか？　テレビのニュースを見る限り、幸せな社会が訪れるなんて夢のまた夢にしか思えない。

魂の記憶

うちは両親とぼくの三人家族。少し前から我が家の空気はどんよりした感じに変わった。お父さんは夜遅くに帰ってくることが多くなり、お母さんはいつもイライラして前より口うるさくなった。

家族なのにどうして仲良くできないんだろう？　ぼくにはどうして二人がこんなふうになってしまったのかわからない。理由を聞いても二人とも「子供には関係ない」と言って何も教えてくれない。

ぼくは今、誰ともつながっていない気がする。天涯孤独って、こんな感じなんだろうか？　たった一人きり暗闇に放り出されたような感覚——。この世界にいる限り、ぼくは孤独から逃れることはできない気がする。

先生はぼくたちに「なぜ生きているのか？」なんてことを考えても答

えは誰にもわからない、だからとにかく目の前のやるべきことを頑張ってみろと言った。たぶん先生の言っていることは正しいんだろう。

(でも先生、家族でさえ仲良くできないこんな世界で、どうやったら幸せな人生を生きていけるんですか?)

ぼくはその答えを知りたかった。でも聞かなかった。自分や自分の家族が幸せでいられるように祈ったって、たぶんそんな願いは叶わない。誰もがお互い信頼し合って生きられる世界にならない限り。それとも、そんなことを考えるぼくは子供すぎるんだろうか?

両親はぼくが繊細すぎると言っていた。繊細って弱いってことなのか? いろんなことを考えすぎるぼくは、やっぱり人間としてだめってことなんだろうか?

(帰りたい!)

どこに帰りたいのかはわからない。だけどここじゃないもっと別の世界があるということだけはわかっている。ぼくはあの青く光り輝く世界を思い描きながら心の中で叫んでみた。

（帰りたい！　もうこんな世界いやだ！）

ベッドの上で何度も祈っているうちにぼくはふと思った。神さまは信じていないけど、こんなに強く願っているんだから誰かが返事をくれるはず、なぜかそう思った。そして……。心を真っ白にしてぼくは待った。するとと内側からささやくような声が聞こえてきた。

「お帰りなさい」

ぼくは目を閉じたまま次の言葉を待った。

「今この瞬間、世界中にいる多くの人々があなたと同じ思いを内なる自己に投げかけています。なぜこんな苦しい世界で生き続けていかなければいけないのか？　もうここにはいたくない。今すぐに帰りたいと」

ぼくは声を出さずにその存在に訴えた。

「そうです。ここはみんなが幸せになれるようにはできていない世界なんです。早く帰してください」

ぼくは心の底からそう願って言った。

「地上世界からこちらに戻った魂たちは、またすぐにそちらへ行きたがります。やり残したことがあるから行かなければ、と。もし今あなたがこちらに戻っても同じでしょう」

（まさか……）

「ここは人間意識の内側にある領域です」

「内側の領域？」

「はい。あなたが想像しているよりはるかに多くの現実界、そしていくつもの次元があります。私たちはみな多次元存在なのです。私から見ればあなた方は私の一部であり、私たちはより高次の自己の一部でもあります。わかりますか？　最終的にはすべての個や集合体はみな〝大いなる私〟のさまざまな表現体のひとつ、ということになります」

「……はい」

よく意味はわからなかったけれど、とりあえずそう返事をした。

気がつくとぼくは光の世界に立っていた。上のほうに真っ白な光のかたまりが見えた。太陽のようだけどなぜかまぶしくない。

それは圧倒的な存在感を放ち、意識を持っているような気がした。すごくなつかしい存在にやっと会えたような気持ちにもなった。でももっと身近でいつもぼくのことを見守ってくれている存在のようにも感じた。

低くて深い声が聞こえてきた。

「自らの周波数を下げ、肉体という濃密なエネルギーの中に降りた光の子らよ。経験し観察せよ」

今聞いた言葉を何度も心の中で繰り返し、ぼくはふとんから出てノートに書きうつした。まだ意味はよくわからないけど、いつかわかるときがくるはずだ。

だって声はぼくの内側から聞こえてきたんだから。

ある晩、いつもの心地よい振動に包まれたまま、ぼくは体から抜け出すのを待っていた。気がつくとぼくの視点は宇宙空間にあった。目の前に見えていた星がズームアップされた。宇宙船のようなものがいくつも上空に浮かんでいる。地上にはたくさんの建物が建っていた。外を歩いている人の姿は見当たらない。

(何だろう? この胸がざわざわするいやな予感は?)

そう思った次の瞬間、その星はものすごい閃光《せんこう》をはなち爆発してしまった。破壊されたんだとわかった。人々が発する怒りや恐怖、後悔の念、罪悪感の重苦しいエネルギーに圧倒されて、ぼくは思わず目を開けてしまった。夢？

（何なんだ？　今のは？）

今見たのは地球ではなかった。だけど爆発する直前に感じたあのエネルギーは人間の感情そのものだった……。

もう一度目を閉じてじっと待っていると声が聞こえてきた。

「あの星では今の地球よりずっと高度なテクノロジーが発達していました。近隣の星々も同じようなテクノロジーを持ち、すべての人間が豊かさを享受《きょうじゅ》していました。しかし、時がたつにつれ、偉大なパワーに魅《み》せられてしまった人間たちは、利己的な目的のためだけに、そのすぐれた力を乱用するようになっていきました。

自分たちが大いなる存在から創造されたことを完全に忘れてしまった人間は、内なる領域とのつながりを失い、自分の外側からしかエネルギーを供給することができないという幻想につかまってしまったのです。より力の強い者が、弱い者からエネルギーを奪って支配する時代が始まりました。弱い者はただ奪われるままにエネルギーを搾取《さくしゅ》されていきました。

けれどどんなに外側からパワーを取り込んでも支配者たちは決して満足することはありませんでした。欲望や恐れに捉われた人間が求めるものには限界がありません。そして限界のない欲望や恐れは、星間同士の戦いにまで発展していったのです。今見たのは、自分たちが何者なのかを完全に忘れてしまった人間社会が必ず迎える最後の結末です」

（まるで今の地球……。不安や恐怖から決して逃れられない世界……。ってことは地球もいずれはあんなふうに？）

ぼくは地球があの星みたいに爆発し、一瞬で木端微塵《こっぱみじん》になる姿を想像して怖くなった。

「大いなる存在がさまざまな経験をするために無数の個に分かれたとき、すべての個には創造主と同じ偉大なパワーが与えられました。すべてのものが愛でつながっていると自覚している限り、個は純粋に創造する喜びを味わえます。

しかし自分たちが何者なのかを忘れてしまった個（人間）は自分と自分以外の間に強固な壁を作って、得体の知れない不安や恐怖におびえるようになっていくのです」

（……）

「あの出来事のあと、人間意識が陥りやすいあらゆる誘惑や葛藤を体験する場と、そこから再び本当の自分を思い出すための学びの場が必要になりました。

自らの中に備わっている偉大なパワーを、支配するためや他者をコントロールするために使うのではなく、創造する喜びを体験したりすべての生命を愛することの大切さを学んだりするための場所です。この銀河の端《はし》にあった地球の意識は、喜んで自らを提供してくれました。

もう二度と他の星を破壊したりしないように地球は宇宙から隔離されました。ひとつの星の中だけで学びや体験を深めていくよう、宇宙空間を移動できるテクノロジーは封印されたのです」

（封印された……）

「地球に生まれる者はみな忘却の河を渡り、自分が何者なのかを忘れた状態から始めることになりました。みな魂レベルでは同意しています。無理やり地球に降ろされた人間は一人もいません。

自分が何者なのかを忘れているために生じる不安や恐怖を徹底的に体験し、その闇のエネルギーを燃料にして内なる自己に目覚めていく学びが地球で始まったのです。

自分が何者なのかを忘れた状態の人間は、光と闇の両極を内側に抱えることになります。光とはみながが愛によってつながっていることを知っている状態であり、闇とは肉体の自分しか感じられず常に不安や恐れを抱いている状態のことです。両極のエネルギーが別々に存在しているわけではありません」

（光と闇……。両極？）

「地球で光と闇の両極を体験できる期間は、そろそろ終わりに近づいています。永遠に続けるわけにはいきません。今地球はより精妙な次元に移行するための最後の浄化期間に入っているのです。地上では解放されるべきものがどんどん表に現われ、解放、浄化されています。

人々は気づき始めています。地球がかつてないほどの大きな激動の中に入ってしまったことを。長い間眠っていた山々は噴火し始め、世界中の大地が揺れ始めました。これはひとつのサイクルが終了するという、地球のサインです。

地球は新しく生まれ変わろうとしているのです。生みの苦しみは当事者にとっては大変なものですが、新たな誕生は宇宙の視点から見れば美しく荘厳であり、畏敬の念を抱かせる光景です。

今地球に生きている者はみな当事者となって、この移行期を体験し完了させようと降りていった魂たちなのです。わたしたちはいつもあなた方とともにいます。そしていつでもあなた方の内側から愛を送り続けています」

「……。はい」

ぼくは静かに目を開けた。

地球は学びの場……。爆発したあの星の人たちは、みんなこの地球に生まれ変わって本当の自分を思い出せたんだろうか？　今地球にいる人たちって？　もし学び終わったら、そのあとはどうなるんだ？　それに、もし何も思い出せなかったら？

考えれば考えるほどいろんな疑問が次から次へと出てきた。

（知りたい。本当に知らなきゃいけないことを全部……）

ぼくは今までこんなに何かを学びたいと思ったことはなかった。どうしたらまた、あの存在の声が聞けるんだろう？


数日して、また夢を見た。光のドームにたくさんの人が集まっていた。中央にスクリーンが現われ、この世の終末を思わせるような大規模の自然災害や戦争、そして疲れ切っている人々の様子が映し出された。

声が聞こえてきた。

「肉体の目で見える姿だけを見るのではなく、人々の内側に光り輝く神性さを見つめてください。彼らの内なる強さに焦点を合わすのです。そうした視点で相手を見つめたとき、双方から精妙なエネルギーが引き出され、思いがけない奇跡を起こすこともあります。

それができるようになるには、まず自分自身の神性さを思い出す必要があります。自分が何者なのかを思い出すのです。そのためにあなた方は降りていったのですから」

自分自身の神性さ……。本当の自分って？

今のぼくはあの星の人々と同じだ。いつも不安と恐怖におびえている。誰ともつながっていない……。

これが闇の状態？　どうしたら本当の自分を思い出せるんだ？

それから毎晩、ぼくは光のドームにいる自分を想像しながら待った。だけど光のドームは見えてこなかった。

その代わり、夜ふとんに入ってうとうとし始めると、重苦しいエネルギー体たちが次々とやって来るようになった。男性のこともあれば女性のこともあった。年老いてるかまだ若いかも、なぜかはっきりとわかった。耳元で自分がどんなに苦しい人生を生きていたかを淡々と語りだす声たち。

時にはぼくの体の上に乗っかってきた。ぼくは動けなくなった体を必死に動かそうともがきながら「光に帰れ！」「あっちへ行け！」と心の中でどなり続けた。

怖くはなかったけど、今の自分の状態と何か関係がある気がした。だからってどうしたらいいんだ……。


やっと夏休みに入った。

ぼくは久しぶりに部屋の窓から満天の星空を眺めた。

（人間が幸せに暮らしている星なんて本当にあるんだろうか？）

ネットで調べたら地球は本当に天の川の端《はし》にあるらしかった。銀河の中心から最も離れた位置にある場所。どうしてそんな端なんだ？　地球が学びのための特別な星で、本当に他の星たちから隔離するためなのか……？

ぼくは無限とも思える宇宙に思いを馳《は》せながら、いつまでも星空を眺めていた。満天の星空はいつだってぼくの心を癒してくれる。どうしてだろう？……そう、こうして宇宙を眺めているとみんなつながっているんだって感じるから……。ぼくは光の物体がまた現れてくれないかと期待しながら、宇宙から見た地球の夢を思い出していた。

その晩はふとんに入ってもなかなか眠れなかった。スクリーンで見た無表情の子供たちや疲れ切っている人々の顔が、次々と現れては消えていった。

ぼくは世界中の貧しい子供たちが一人残らず普通の生活をおくれることを心から願った。屋根のついた家で、毎日ちゃんとごはんが食べられて、こうして温かいふとんでゆっくり眠れる生活。地球ではこんな当たり前の生活ができない人たちがあふれている……。

（どうか一日も早く地球が幸せな星に生まれ変われますように）

そう祈っているうちに、気がつくと、ぼくは屋根の上空に現われた小さな宇宙船を見上げていた。

「**愛を実践しなさい**」という声が聞こえた。

その声はまるでスピーカーを通して、地上にいる人たちみんなに向けて話しているようだったけど、そんなにやさしくはなく少し厳しい口調だった。

次に見えたのは巨大な宇宙船だった。それは家の屋根の真上にいた。ぼくの意識が体から抜け出して宇宙船に吸い込まれるように上昇していく……。上昇していくと同時に、その宇宙船から光り輝く太陽のようなオレンジ色のローブを着た存在がスーッと降りてきた。それは深い知性にあふれた偉大な存在なのだとわかった。そして、ぼくはそれとひとつになった。

その瞬間、ぼくは人間という制限された小さな自分から完全に解放された。そして経験したことのない圧倒的な愛のエネルギーそのものになった。ぼくという個の視点はあるものの圧倒的な愛の中では完全にそれとひとつになり、どこまでが自分なのかわからなくなった。

すべてでありながら同時に個でもあるという感覚。

分離されているものが何もない状態。

ただ愛だけの自己でいるという強烈な感覚にぼくは圧倒された。

(あぁ、ぼくがこの愛をどんなに否定しようと拒否しようと、切り離されていたことは一度もなかったんだ。遠い昔からずっと、そしてこれからも永遠にこの愛の中で生きていくんだ)

生きとし生けるものすべてが大いなるただひとつの存在から創造され

たこと、そして誰もがこの愛の中で生かされていることを知った瞬間だった。時間が流れている感覚はなかった。ただ「永遠」という未知の感覚がぼくを貫いていた。

体の中に降りていく感覚があって、ぼくは静かに目を開けた。心臓がバクバクしていた。

(これが本当の自分?)

今まで感じたことのない絶対的な愛。無限……。永遠……。とても言葉では言い尽くせない強烈な感覚に、ぼくは圧倒されていた。

そして、ぼくの意識はまた別の世界へと導かれていった。

目に見えないベールをくぐると、目の前に見知らぬ世界が広がっていた。高台に大きなドーム状の建物がいくつか建っている。石油コンビナートを思わせる大きさだ。前方には海が広がっていた。周りを見渡しても人の気配はない。

けどそこに立った瞬間、ぼくの内側で眠っていた遠い記憶がよみがえった。

（ここはぼくの故郷《ふるさと》だ。何でこんな大事なこと忘れてたんだろう。忘れることなんて、できるはずなかったのに！）

忘却のベールがはずされ、封印されていた記憶がなだれ込んでくる感じだった。どこまでもやさしく包み込んでくれる母なるエネルギー。そのあまりにやさしく深い愛に、涙が止まらなくなった。

「お母さーん！」

ぼくは泣きじゃくりながら海に向かって走り続けた。

（そうだった！　ぼくはここで生まれたんだった！）

実際に母の姿は目に見えなくても、ぼくにはわかっていた。なぜならこのエネルギーは母そのものであり、ぼくはそこから生まれた無数の光の子らの一人だった……から。

このままずっとこのエネルギーに浸っていたい。でもそれはできないとわかっていた。

(向こうの三次元世界でやることやったら、また戻ってこれるんだ)

ぼくは自分にそう言い聞かせた。

(今は戻るしかない。でももう絶対、この愛に満ちた母なるエネルギーを忘れないでいよう)

このままの自分を無条件に愛してくれている母なる存在――。ぼくは魂の故郷を思い出すことができて、心の底から幸せを感じていた。

目に涙がにじんでいるのを感じながら、ぼくは目を開けた。全身はまだ精妙なエネルギーに包まれて小刻みに振動していた。

母なるエネルギーはどこまでも強く、そしてどこまでもやさしかった。あんな究極の愛を感じられる状態で人生を生きることができたらどんなに幸せだろう。ありのままの自分を無条件に愛してくれる母から生まれたことを思い出し、ぼくは最高に幸せだった。

同時に、肉体をもったぼくの両親もまた、あの母なるエネルギーから生まれたんだと思うと、今まで感じたことのない感情がぼくの内側から二人に対してあふれ出した。

誰もがあの究極の母なるエネルギーから生まれ、永遠に愛されながら生き続けることを知ったら、みんなどんなにかホッとするだろう。だってみんな同じものから創造されたんだ。争ったり憎しみ合ったりするなんてばかげてる。

ぼくは人間がすぐに戦争をやめて地球が平和になっていく様子を想像してみた。ぼくの家族も前みたいに笑いながら楽しく暮らしている様子も……。それはとても簡単なことにように思えた。だって幸せになりたくない人なんて一人もいないはずなんだから。

だけど……。そんな楽観的な思いを長く続けていけるほど、ぼくは強くなかった。ネットやテレビから流れてくるネガティブなニュースや恐怖をあおるさまざまな情報……。相変わらず暗い雰囲気の我が家。

この世界の人々はあまりに深く眠っている。何千年も繰り返されてきた憎しみや怒りは決して消えることなく、たくさんの国ではまだ戦争という殺し合いを続けている。

今の日本に戦争はないけど人々はいつも何かを恐れ、社会のあらゆるところにセキュリティが必要になっている。誰もが信じ合う世界には必要のないものばかりが、どんどん作られている。

インターネットという世界中がつながっていることを実感できる技術が誕生したのに、どうして他人を傷つける記事や争い事まで増え続けてしまうんだ？　どんなにテクノロジーが発達したって、それを使う人間の心がつながっていなきゃ進化しているとはいえない。これじゃあ、あの星と同じじゃないか……。

圧倒的な愛のエネルギー体験や光に満ちた美しい世界と、自分が今生きているこの狂気に満ちた過激な世界とのギャップに、ぼくはただ呆然とするしかなかった。

(やっぱりもうこんな世界にはいたくない)

気がついたらぼくは、ただのちっぽけで無力な自分に戻っていた。光の世界に帰ることもできず、この地上でうまく生きていくこともできそうにない自分……。本当の自分を思い出したって何の役にも立てていない。そう思うと、もうどうしていいかわからなかった。

地球で生きるということ

何日かして、また夜中に目が覚めた。時計を見ると三時ちょうど。こんなときは何か起こることが多い。

全身にピリピリしたエネルギーが走りだした……。気づくとぼくは光のドームの中にいた。チラチラと虹色の光があちこちに舞っている。誰もいない。ここは学校の教室の中とは違って、窮屈さや何かに追い立てられるような感じが全くしない。不安やプレッシャーから完全に解放された状態でいられるのは光の世界にいるときだけだ。

ドームの真ん中にスクリーンが現われた。女の人がこちらを向いて立っている。

「あなたと会える時を待っていました」

「えっ？」

「地球で迷子にならないように、私たちみんながいつもあなたたちを見守りサポートしていることを伝えたかったから」

「みんな？　あの、あなたは？」

「私の名前は……カオルカ……」

前後の発音が聞き取れなくてカオルカしか分からなかった。もう一度聞いても覚えられない気がして、ぼくは聞き直さなかった。

「直線的な時間や距離は三次元世界特有の幻想にすぎません。宇宙のどこにいても私たちは瞬時につながることができます」

ぼくは光の存在とひとつになったときのことを思い出した。制約された世界から解放されたとき、時間の感覚からも解放されたことを。

「今の地球を見る限り想像もできないと思いますが、地球はたくさんの人々とともに愛と喜びに満ちた次元に移行します。

生きていくために過酷な労働を強《し》いられることのない世界。

生まれた瞬間から必要なものがすべて供給される社会。

動力源は無害で無尽蔵に存在する宇宙エネルギーだからエネルギーを奪い合う必要もありません」

「本当にあるんだ？　そんな世界が……」

「ええ、この銀河内だけでも数十億の星に住む住人たちが、みな喜びと自由を謳歌《おうか》しながら生きています」

「でも宇宙にあるほとんどの星は、人間が住むには適さない環境だっていわれてるけど……」

「私たちの肉体は地球人ほど密度が高くありません。物質の振動数はその星の意識レベルに比例しているので、地球人の肉体の目で私たちを見ることはできません。私たちが振動数を下げて地球人に見られるようにすることは可能ですが、今あなたはエネルギー体の目で私を見ているのです」

「それって幽霊みたいに体がない状態ってこと？」

「いいえ、私たちは肉体を持って生きています。だから物質的感覚はちゃんとあります」

（そうなんだ）

「肉体の振動数がより高くなると食べる必要はなくなります。精妙な次元ではエネルギー不足にならないのでお腹がすかないのです。ですから地球の人々のように、コントロールの利かない食欲やダイエットに悩まされることもありません」

ぼくは少し心配になった。

（ぼくは食べることが大好きだ）

「そうですね。私たちも肉体を維持するためというより、食べる楽しみを味わうために何かを口にすることはあります。でも食べることに執着したり体を疲れさせるようなものを食べることはしません。もっと別のことに関心が向いていますから」

彼女はぼくの心の声に答えてくれた。

「別のことって？」

「ここでは創造する喜びや内なる成長のための学びに、多くの時間を費やすことができます。ただここでは競争して誰かに勝つ喜びとか、人よりも多くを所有して優越感を味わうという体験はできません。誰もが満たされた世界だから一番になる必要もないし、不足がないから貯めこむ必要がないのです」

「みんなが満たされてる世界……。他には？」

「音楽や美術などの創作活動は多くの人々に喜びをもたらしています。でも地球のように優劣をつけることはしません。誰もがすばらしい芸術家であり表現することを楽しんでいます。星間の交流も盛んだから常に刺激をもらえるし、学ぶことはたくさんあります。こんなふうに助けを必要とする兄弟たちのために働けることは本当に光栄なことなのです。

何よりすべての生命が愛によって結ばれていることをみんなが知っている世界で生きるという幸せは、何物にも代え難いものです」

「もちろん、そうだろうけど……。でも、それならなぜ、ぼくはわざわざ地球に生まれてきたんだろう?」

「私たちは地球が貴重な役割を終えて、ようやく宇宙の仲間入りを果たせる時が来たことを知りました。ただ移行期間は激しい変化を伴うため、宇宙からのサポートが不可欠になります。私たちはそのサポートチームに参加することにした、というわけです」

「サポート?」

「サポートといっても全面的に誰かの面倒を見るということではありません。わたしたちは兄弟であり、友人にすぎません。自分たちが何者なのかを思い出したいと望む人々に対して、ほんの少しの手助けができるだけです」

「……。そうなの？」

「地球は次元上昇して宇宙の仲間入りを果たします。大いなる自己との分離体験はもうすぐ終わるのです。今の地球にいる人々はみな、今度こそ本当の自分を思い出そうと決意して、地球に降りていった勇敢な魂たちなのです」

「本当の自分を思い出す？」

「人々は今までどおりの生き方では、心の平安を手に入れることはできないと気づき始めています。不安や恐れを抱きながら生き続けることに疲れきっているのです。個人レベルの『何のために生きているのか？』という内なる自己への問いかけは、社会全体に影響を及ぼし始めています。これはよきサインです」

「よきサイン？　何が？」

「あまりにも長い間、地球の輪廻《りんね》の輪の中で生き続けてきた人間意識は、不安や恐れのない暮らしを想像することさえできなくなっています。すべての人々がお互いを尊重し合い、信頼し合える社会なんて実現不可能だと思い込んでいるのです。宇宙に存在する多くの星が理想社会だと知ったら驚くでしょうね」

「そりゃあ驚くよ。地球以外にもそんなにたくさん人間が住んでる星があって、しかも多くの星が理想社会だなんて」

「地球は学びの場。自分が何者なのかを忘れた状態を体験することは、旅を続ける魂にとっては大冒険です。制限された環境と能力の中で、本当の自分を思い出すのは簡単なことではありません。だけどそこでしか得られないすばらしい経験ができる次元でもあります」

（すばらしい経験……？　まさか！）

「何か目標を立ててそこに向かって試行錯誤しながら達成していく喜び。さまざまな困難や逆境をバネにして前に進もうとする勇気。感情的な執着を手放すと決意したときにあふれてくる許しの涙と解放感。そしてすべてはつながっていることを思い出した瞬間に味わう至福。思いがけないサプライズに、喜んだり涙したりという強烈な感情も三次元世界でしか味わえない貴重な体験なのです。

私も地球で生きたことがあるからわかります。かなり強烈な体験の連続だったけれど……。学びを終えた魂はみな三次元世界での体験を誇りに思っています」

「そりゃあ、そう思えたら最高だけど……」

「どんな出来事の中にも光を見つけられるようになったら、その人の人生は光に導かれていきます。そして周囲や世界に穏やかではあるけれど、大きな影響を与えていくことになります」

「それがここにいる理由？」

「そうです。お互いが全く別々の存在として認識される状態でありながら、すべての人々の幸せを心から願える意識に到達した魂は二度と利己的な誘惑に負けることはありません。その魂が望むなら人生を終えたあとには新しい地球や他の星に生まれ変われます。分離や対立とは無縁の愛と光に満ちた次元世界に。

中には再び地球のような星で人々の目覚めを助けるために生まれていく魂もいるでしょう。いずれにしても地球でのチャンスは、これが最後なのです」

「これが最後のチャンスって、どういうこと？」

「今は移行期だから古いものと新しいものが共存している状態。制限された意識で今までどおりの生活を続けようとする人々と、内なる光の自己とつながって幸せな人生を歩いている人々が同じ星で同じ時期に生きています。これは本当に貴重な現象であり、宇宙から見たらすばらしい壮大な光景として注目されています。

実は、あなたたちの世代の多くは地球の目覚めを加速させるために、進化した星から生まれ変わった魂たちなのです。地球のエネルギーが高まるにつれ、他の多くの魂たちも目覚め始めています。物質主義や競争社会に振り回されるのをやめて、自分らしい生き方を選択する人々はますます増え続けています。あなたたちの精妙なエネルギーは、確実に地球の目覚めを加速させているのですよ」

(ぼくたちが進化した星から生まれ変わった？　まさか！)

「覚えていてほしいのは、長い間地球の輪廻《りんね》の輪から抜け出せない魂たちも、みな大いなる存在から創造されたということです。その視点から見れば私たちはみな兄弟ともいえます。

私たちはそのことを知っていて、地球の多くの人々はそのことを忘れている、それだけの違いです」

「地球は本当に平和な星に生まれ変われる？」

「宇宙図書館にはそう記されています。でもそこにたどり着くまでにどんなプロセスを通るかは、まだいくつかの選択肢が残されています。

集合意識が過酷なプロセスを選択したとしても、あなたがそれを選択する必要はありません。一人一人に与えられた自由意志は常に尊重されています。

すべての魂のプロセスは宇宙図書館に保管され、これから分離を体験する魂たちのために役立てられていきます。どれが正しいとか間違っているという評価はそこには存在しません」

「あの体験をしたときは本当にそうなんだって感じたけど」

「ええ。大いなる自己は愛する我が子らに審判を下したりしません。ただ肉体がなくなっても制限された人間意識から解放されずに、重苦しい感情を抱えたままでいる魂たちは存在します。

彼らは自分で自分を裁いて身動きできない状態にあるのです。あなたのそばにやって来た魂たちがそうです。自分たちは無条件の愛を受け取る資格がないと拒否し続けているのです」

「ぼくにできることは？」

「あなたが自分自身を無条件に愛することができるようになれば、それは確実に彼らにも影響を与えることになります。内側の領域ではみんなつながっているから彼らにはちゃんと伝わるのです。

でもすべての魂には自由意志が与えられています。光の自己とつながることを拒否して、三次元での体験を他の星で続ける魂たちもいるでしょう。自分でもう充分と思えるときがくるまで。それを非難する必要はありません。それぞれの選択は常に尊重されています」

「わかった。だけどこんな話、みんな信じるかな？」

「人はそれぞれのペースとやり方で目覚めていきます。押し付けることはできません。人々の内側に存在する両極のエネルギーは、今ものすごい勢いで表に出てきています。隠し続けることはもうできません。不安や恐れのエネルギーは強力でとても感染しやすいけれど、愛と思いやりのエネルギーも引き出しやすくなってきています。

もしあなたがどんな出来事の中にも愛と思いやりを持って対応していくと決めれば、同じ波動のエネルギーを引き寄せます。それは目の前に起こるさまざまな場面で、あなた自身を助けることにもなります。そして謙虚な気持ちになってあらゆることに感謝できたとき、あなたは心から幸せを感じている自分を見つけるでしょう。そういう生き方はひとつのモデルになります」

なんだかわくわくした。自分が幸せを感じながら生きることが世界を変えることにつながるなんて。

（だけど……。いつも幸せを感じながら生きていけるほど、この世界はやさしくない）

「幸せを感じられないときは、そっと自分を抱きしめてあげてください。光の自己はいつもあなたに寄り添ってくれています。次元間のベールがはがされたら誰もが光の自己を生きていくことになります」

（すごい！）

「新しい世界への旅立ちは多いほうが楽しいですからね」

ぼくはたくさんの仲間たちと旅立つ日を想像してみた。

（うん、ぜったい楽しい！）

スクリーンの彼女が消えると同時に、ぼくもふとんの中で目を覚ました。

地球が宇宙の仲間入りをする日――。誰もが幸せを感じながら生きていける世界――。ぼくはこの世界で生きる意味と目的を知った。

まさか地球に生まれたことを、こんなに誇りに思えるようになるなんて！　これは大冒険であり、ぼくたちは宇宙の仲間入りを果たす直前の地球に生きている。この制限だらけの地球で、ぼくは精一杯自分らしく生きていく。そう決意できたことが何だかうれしかった。それにぼくは一人ぼっちじゃない。

朝、着替えて一階に下りていった。

朝からどんよりした空気だ……。きれいにしたい。ぼくはできるだけ明るい声で「おはよう」とお母さんに声をかけた。何だかそれだけで部屋の空気が変わった気がした。

昨日と同じ光景なのにすべてが全く違って見えた。

（面白い……）

自分の気持ちが変わったら、こんなふうに景色が違って見えるものなんだ！

夏休みの間、ぼくはできる限り明るい気持ちで過ごそうと決めた。お母さんやお父さんだって、本当は前みたいに楽しく過ごしたいはずなんだ。ぼくはお母さんの小言にもあまり神経質にならないで軽く流すことにした。今のところ、ぼくにできることはそれくらいだから。

宇宙の視点

二学期が始まった。教室に入るといつもの光景があった。夏休み中の出来事やゲームの話で盛り上がっている男子たち。それぞれのグループに分かれて楽しそうに話している女子たち。一人で机に向かっている子も何人かいる。

みんなこの地球に光をもたらすために降りてきた魂たちなんだ。ってことは、きっとみんなもすぐに思い出すはずだ。そう思ったら何だかとても心強かった。

だけどそんな気持ちは一週間も持たなかった。ぼくはすぐに窮屈で不自由なだけの学校生活にうんざりし始めた。

ある日の放課後、部活を終えて帰ろうとしたら、不良グループが高校生に因縁をつけている場面に出くわした。ぼくは見ないふりをしてさっさと通り過ぎた。どうしてあんなことを平気でできるのか、ぼくには理解できない。

（何が楽しいんだ？）

その晩、ぼくは夢を見た。

地球の悪を一掃しようと、ぼくは仲間たちと未知のパワーを駆使《くし》して敵の施設を攻撃していった。巨大な悪の組織を破壊すれば、人々を苦しみから解放できるはずだ。

だけど倒しても倒してもやつらは生き返った。ぼくたちは逆に悪の集団に捕まりそうになり、あっちこっちに隠れながら必死に逃げた。戦ってやつらを倒すのは無理だった。

もう捕まると覚悟したところで、やっと目が覚めた。

きっと昼間のことが夢に現われたんだと思った。悪を一掃するなんて、やっぱり無理ってことか。倒しても倒しても悪は現われる。ここは光と闇がセットになっている世界なんだから……。

時計を見るとまだ夜中の三時だった。ぼくは光のドームにいるときの心地よさを思い出そうと目を閉じた。そして重苦しい感情の層を通り抜けてその先へ――。

いつもの光がぼくを迎えてくれた。今夜はここのエネルギーに浸っているだけでいい。だけどそうはならないことも何となくわかった。

すると目の前に小さな男の子が現われた。

「君は？」

「イークン。僕たちは同じチームに属しているんだよ。この姿は君の子供の部分を象徴しているんだ。このほうが君は自分をさらけ出してくれるだろうと思ったんだ」

「ふーん」

何となく居心地が悪かった。

「君はあの夢の意味が知りたいんだろう？」

「君にわかるの？」

「君は地球の悪を倒せば世界は平和になると心のどこかで思ったんだ。それがあの夢を創り出したんだよ。だけど君が戦ってたのは君自身だったんだ。倒しても倒しても生き返ってきて君を支配しようとする強力な自我《エゴ》と、君は戦ってたんだよ」

（え？　何だってこんな子供に言われなきゃいけないんだ）

「僕は君の中にある強力な防衛反応を持つ自我《エゴ》という魔物を引き出そうとしている。これは人間意識が必ず通らなければならないプロセスなんだ。とても繊細でむずかしい学びだけど、新しいステージに進むためには誰もここを避けて通ることはできないんだよ」

スクリーンに、昼間の出来事が映し出された。高校生に因縁をつけている不良グループを遠目で見ているぼくがいた。ぼくの全身からは赤黒いモクモクした煙のようなエネルギーが不良グループに向けて放射されている。そこにいたみんなからも同じような煙が立ちのぼっていた。

ショックだった。自分が彼らと同じようなエネルギーを放射しているなんて認めたくなかった。

「このとき、君は彼らと同じ波動の中にいたんだ。小さな自分しか感じられず、その自分を必死に守ろうと相手を心の中で攻撃していたんだよ」

(だから何?)

ぼくは自分が悪いことをしていたとは思いたくなかった。まして、あんなやつらと一緒にされたくなんかなかった。ぼくは彼らのやっていることは間違っているって、正しい判断をしていただけだ。

「彼らは君と同じように、この地球に光をもたらすためにやって来た魂たちだよ」

「まさか？　そんなわけない！」

「彼らはただ、地球の強烈なエネルギーに圧倒されたままどうしていいかわからずに生きているだけなんだ。小さい頃から人と競争することを強《し》いられ、友達と常に比べられて自分の価値が高いか低いかを決められてきたんだ。そのままの自分では認めてはもらえないことを学習しているんだよ。自分の外側からエネルギーを取り込む方法しか、まだ知らないだけだよ」

「だからって、他人を傷つけていいってことじゃない」

「彼らは自分自身も傷つけていることを心の奥では知っているんだよ。いつも不安や恐れを感じながら生きているんだ。ただそんな自分を決して誰にも見せないように隠しているだけなんだよ。弱い自分をさらけ出してしまったら、簡単にエネルギーを奪われてしまうと恐れているんだ。

　内なる領域に存在する光の自己とつながることでしか不安や恐れを取

り除くことはできないんだ。彼らもいずれどこかの地点で気づくときがくるだろう」

「そうかな？　そんなに簡単に変われるとは思えない」

「君も小さな自分を守るために彼らを心の中で批判したり、罰したりしてたんだよ。君は彼らの心の中をすべて知っているわけではない」

そう言われると、何だかそのとおりだと思った。ぼくは幸せを感じながら生きていたいだけなのに、周りがそれを許してくれないと怒っていたんだ。

「人間はあるレベルに成長するまでは善悪の判断が必要だ。動物的本能が優勢な状態では何が正しいか、どういうことをしてはいけないかを、わかりやすく教えていかないといけないんだ。けれど、あるところまで進んだら善悪の判断は障害になっていくんだよ。それらを超えたものの見方を身につけない限り、いつまでたっても対立した状況を自ら作り出してしまうんだ」

「善悪の判断を超えたものの見方？」

「君が出会う人はみな、君の内面を映し出す鏡でもあるんだ」

「ぼくは自分の内面を、彼らを通じて見ていたとでもいうの？」

「あのとき、君はみんなと同じように、ちっぽけで無力な自分しか感じていなかったんだ。そういう自分を彼らを通して見ていたんだよ」

「彼らを軽蔑したり腹を立てたりしてたのは、ぼくが小さな自分を守ろうとしてたってこと？」

「そう。だけど自分が正しいと思っているほんの短い時間だけしか、優位にたっている快感を得ることはできなかったはずだ。そのあとにはまた怒りや葛藤《かっとう》が戻ってきただろう」

「そのとおりだ。どうしたらいい？」

「君が小さな自分しか感じられない状態のとき、君は制限された意識でしか物事を観察することができていないんだ。不安や恐れがつきまとっているからわかるはずだ。だから目の前の相手が、自分にとって敵か味方かを常に判断して対応するようになるんだ。そして自分がどんなにいい人間で正しいかってことをいつも感じていられるように、敵に対して攻撃の手を緩めることができなくなるんだ」

「うん、確かに」

「一方、君が大いなる愛とつながった状態でいるとき、君は拡大した意識で自分や彼らの内側にある恐れや不安を観察できるんだ。人間の内なる領域はすべてつながっているからね。

そして君は自分や彼らの内側にある高次の自己に焦点をあてて、その領域から気づきやサポートを引き出すこともできるんだよ。簡単なことじゃないさ。だけど君たちはそれをするために降りていったんだよ」

「そんなこと……できるかな？」

「できるかどうかより、やるかやらないかを自分で決めるんだ」

（やるかやらないか……）

「自由意思は常に尊重される。たとえ君たちが自ら使命を担って地球に生まれたんだとしても、それをやらなければいけないということはないんだ。やらなければという思いにとらわれていると、それをやっていない仲間たちに対して否定的な思いをぶつけてしまうことになるだけだ。それはお互いにとって何のプラスにもならないんだ」

そのとおりだと思った。

ぼくはどんな人も大いなる存在から創造されたことを知っている。たとえ彼らがそれを認めようとしなくても。

「ぼくはやるよ。決めた」

「そう！　わかったよ。彼らはただ忘れているだけなんだ。でも君が思ったように彼らが変わらなくても、彼らを責めてはいけない。人はみな自分のペースと自分なりのやり方で目覚めていくということを忘れないでいてほしいんだ。宇宙時間から見たら地球の十年や二十年は、ほんの一瞬の差でしかないんだから。それに、まだ目覚めていない人々との出会いやそれに伴う体験は、君にとって大きな学びになるんだよ。

君はただ自分自身や出会う人の中にある光の部分に焦点を当てて、そのときできる最高の愛を表現していくだけでいいんだ。うまくできない自分を責めてしまうこともあるだろうけど、すべての感情や体験は必ず君を成長させていくはずだ」

「わかった。どんな出会いや出来事も、みんなそのときのぼくにとって必要なことって思ってればいいんだね。まぁ楽しくない出会いや、いやなことはあまり経験したくないけど……」

「君が自分を見失わない限り、それほど過酷な体験をすることにはならないさ。すべてはつながっているんだ。君が発しているエネルギーに同調した出会いや出来事が起こるだけなんだ。すべては自分しだいなんだよ。それに君が越えられない体験は起こりようがないんだから」

「そっか」

どこかで聞いたことがある言葉だ。

「悲しんだり怒ったり喜んだりしている自分を体験していいんだよ。いやならいやと言っていいし、それは違うと思ったらそう言えばいいんだ。言わないで我慢していると、あのモクモクが出っ放しになるだけだ。ただそれは分離意識を持った自分の声であることを忘れないことだ。すべてがつながっていることを知っていれば、一方的に相手を責めるだけでは何も解決しないことがわかってくるはずだよ」

「うん。でも、もし誰かにからまれたらどうしよう？」

「君がそうなることを必要以上に恐れていたら、彼らは君を見つけるだろう。また、彼らは悪以外の何者でもないから罰せられるべきだという思いを握りしめている場合もつながりやすくなるんだ」

「じゃあどうしたらいいわけ？　関わらないようにするには」

ぼくは不安や恐れを全く感じないで過ごすなんて無理だと思った。

すると……。今まで出会ってきた人たち一人一人の顔がスクリーンに次々に映し出されては消えていった。同時にすべての人の内側に存在する本当の姿も重なって見えた。不良グループのメンバーたちの光り輝く姿は一瞬だけ見えて、すぐに消えてしまった。なぜだか彼らは、光の自己をひどく恐れているような気がした。

「すべての生命は大いなる愛から創造されたんだ。愛そのものである本当の自分とあまりにかけ離れた行為は、とてつもない苦しみを生み出すんだよ。自分や他人を非難するだけじゃなく、理解するために観察しようと心がけていれば、善悪の判断を超えたものの見方を身につけていけるんだ。そうすると自然に、どうしても許せないと思う相手に出会うことはなくなっていくんだよ」

「理解するために観察する……」

「自分を観察するときは、少し離れた視点から見てみるといい。天井くらいの高さから自分を観察しているもう一人の自分をいつも意識しているといいんだ。もし強烈な感情に押しつぶされてどうしていいかわからなくなったら、そのときは地上で身動きできなくなっている小さな自分を、宇宙から眺めているようにイメージしてみるといい。

内なる光の領域は宇宙とつながっているんだ。拡大した意識で観察していれば自分を見失うことはないからさ」

「もうあんな自分を見るのはいやだけど。でも自分がどんな状態かわからないと、その先どうするか決められないからね」

「うん、君たちは一人じゃないんだ。内なる領域とのつながりを感じていれば、いつでも精妙なエネルギーを引き出せるんだ。僕たちの役目は愛と光のエネルギーを増幅させることなんだよ。君が愛を表現したり、前向きな気持ちで行動してれば全力でサポートできるんだ。そうすれば君も相手の中にある光の自己を見やすくなっていくはずだ。君が見る世界はどんどん変化していくんだよ」

「わかった」

次の日から、ぼくはイークンに教えてもらったことを毎朝実践してから学校に行くようにした。

この世界ではまだ無防備に生きていくことはできないから。

ぼくは大いなる存在から創造された自分たちを思い、誰もがつながっていることを感じられる自分になってから出かけた。夜寝る前には今日一日、自分が放射したモクモクのエネルギーをボール状に丸めて光の次元に還した。イメージするだけでいいって言われて半信半疑だったけど、とにかくやってみた。そうしているうちにいろんなことがわかるようになってきた。

最初は相手を観察することばかりに意識がいってしまう。だけど相手を観察している自分を観察できるようになると、そのとき自分がどんなエネルギーを放っているかがわかるようになった。

この先生苦手だなと思った瞬間、ぼくからはモクモクしたエネルギーが出てくる。もちろん、そのまま放っておいてもなかなかその場の空気はきれいにならない。で、余裕があるとき「愛でつながっている」イメージを作ってみると、その先生の苦しい思いが伝わってきた。「先生はただこのままの自分を受け入れて認めてほしいだけなんだ」って。

ぼくは前ほどその先生を嫌いじゃなくなった。まあ好きにはなれないけど、先生は自分のことが嫌いで苦しんでいるのがわかったから。今日廊下ですれ違ったとき、先生はぼくに一瞬やさしい表情を見せた……気がした。ぼくの内なる目が、先生の中にあるやさしい表情を見逃さなかっただけかもしれないけど。不思議なことってあるもんだ。

例の不良グループはあれから見かけない。ぼくは彼らが作るドラマに参加する気はない。だけど、もし何か起こったらそのときはそのときだって思えるようになったら少し気が楽になった。起こってもいないことをあれこれ心配してもしょうがない。

で、我が家の状態は……。これが実は大して変わっていない。相変わらず両親はお互い顔を合わせないようにしている。自分の大切な人たちが幸せでない姿を見るのは本当につらい。もしかして、ぼくはずっとこんな状態の中で生きていくんだろうか？

今の人生が最高のチャンス

その日は朝から何だか落ち着かなかった。何だろう？　誰かがぼくの内側からしきりにドアをたたいている気がする。そして夜、いつものように星空を見上げてからぼくはふとんに入った。

全身が振動し始める……。気がつくとぼくはいつもの光のドームの中にいた。そのままスクリーンが現われるのを待っていると、目の前にいきなり男の人が現われた。

「やあ、会えてうれしいよ」

(ぼくのこと知ってる？)

「内なる領域はすべてつながってるからね。ここでは個人情報の保護なんてあり得ない」

その人は笑いながらそう言った。とてもやさしそうなお兄さんだ。

「君はこれからもいろいろな人たちと関わりながらさまざまな経験をし、そこからもたらされる気づきや洞察を通してこの次元世界を学んでいく。怒りや悲しみ、失望感、孤独、もちろんうれしいことや楽しいこともたくさん。さまざまな感情を通して学ぶ次元にいることを忘れないように」

「あの？（誰？）……」

「僕は君が生まれるほんの少し前に、向こうからこちらへ移行してきた。何百回もの人生を生きて、ようやくもう充分という地点までたどり着いたんだ。地球最後の人生は二十年で終わったけど、やり残したことはもう何もない。僕の最後の人生は、両親となってくれた二人に大切な学びと気づきを与えるためでもあったと知ったのは、こっちに来てからだ。最後の一年間はずっと病院の中で過ごしてたんだ。ここへの移行は痛みもなくあっという間だった。そして、体から離れる瞬間に僕はすべてを悟ったんだ。もうこの次元での学びは終わったんだって。死をひどく恐れている人々にとって、短い人生や突然の死は、不幸以外の何物でもない。だけど、愛と光に満ちた世界への旅に向かう魂にとっては、幸せ以外の何物でもない」

「でも大切な人が亡くなったら、やっぱり不幸じゃない？」

「不幸だと思う心があるだけだ。何を幸せと思うかは人それぞれ違うのと同じだよ。どんな出来事もそのまま受け止めて、そこにいいか悪いかという判断を持ち込むことなく前に進むことができるなら、その人は自分を不幸だとは思わない」

「うん……」

「僕の両親はどうして自分たちがこんな目に合わなければいけないのか、そして無力な自分たちをずっと責め続けていた。周囲からの心無い言葉や同情するエネルギーも加わっていたしね」

「……そう」

「僕たちは過去世からため込んできた感情的な執着や罪悪感を手放して次に進むために、魂レベルでこのシナリオを選択して家族になったんだ。もう三次元世界に生まれ変わる必要のない段階へ進むために。十年かかったけど、二人とも今はすべてを受け入れて残りの人生を大いに楽しんでいる。もう自分たちのことを不幸だとは思っていない。子供を失くすという深い悲しみを体験して乗り越えたからこそ、自分や他人に対して深い思いやりの心を持てるようになったことに気がついている。今二人は毎日、僕に『ありがとう』と言って手を合わせてくれているよ」

(よかった)

ぼくは心の底から幸せな気持ちになっている自分を感じた。

「人は、充分に長生きしたから幸せだったとか人生半ばで逝《い》ってしまいかわいそうだとか、他人の人生を自分の尺度で評価する。だけど、幸せは他人が決めることじゃない。自分が幸せだと思って生きているならその人は幸せだし、他人からあなたは幸せだっていわれても本人が幸せを感じていないならその人は幸せとはいえない」

「そうだね」

「だから人にどう思われようと、自分が心から幸せだと思える人生を生きていくことが、この次元世界を卒業できる大事なポイントなんだよ」

（心から幸せを感じられる人生。ぼくもそういう人生を生きたい）

「僕の両親はさまざまな感情のしこりを手放すために、自分と向き合わざるを得ない状況を作りだした。その過程で、目に見えない世界が本当に存在していることにも気がついた。母さんは時々ここに来て、アドバイスを受け取って父さんに伝えている。また不思議な夢を見たって言いながらね。だけど二人とも、ただの夢だとは思っていない。人智を超えた目に見えない世界が存在することに気がついていたんだ」

「そうなんだ」

ぼくはどんなにつらい体験もそれを乗り越えることで、ありがとうと思えるような感謝の経験に変えることができることを知って感動した。どんなことにも感謝できる自分になれたとき、その人は心から幸せを感じられるってことか。

「実は多くの人が眠っている間にここを訪れている。人間が毎日何時間も寝るのは体の疲れを取るだけでなく、より拡大した意識に戻るためでもあるんだ。ここで得た気づきやエッセンスを持ち帰ることができれば、日常に生かせるようになっている。誰もが内なる領域とつながっているってことだよ」

「ぼくの両親も寝てる間にここに来てるってこと？」

「そうだよ。二人とも眠れない夜が多いけど、ぐっすり眠れたときはここでたくさんのアドバイスとヒーリングを受けている。目が覚めたとたん、きれいに忘れてしまうけど」

「二人とも眠れていない？」

「感情的な重さを抱えすぎていると、この領域まで来るのがむずかしい場合もあるんだ」

「感情的な重さって……」

「三次元世界へ降りていった魂たちは、みなお互いの成長に貢献し合いながら学びを重ねている。どんなに敵対し合っている者同士でもね。むしろ感情的に敵対し合っている者同士のほうがコアなチームメンバーであることも多い。『もうこんなドラマを繰り返していてもしょうがない、終わらせる』とどちらかが決意するまで何度でも一緒に生まれ変わる。感情的に引き寄せ合う相手というのは、記憶がなくてもコアなチームメンバーであることが多い。光の自己との分離感は強烈な体験だから、魂たちはみんなチームを組んで降りていく。

ただ広大な宇宙から見れば、地球に関わったことのある魂はみな同胞ともいえる。人生で出会うすべての人を自分の大切なソウルメイトだと思えたら、感情的なもつれや対立は起きにくくなる。同じことを学ぶのだから、あえて過酷な体験を繰り返す必要はなく、出会ってくれてありがとうという気持ちでパッと終了させられるんだ」

「ぼくたち家族も何度も一緒に生まれてるってこと？　とにかくぼくは前みたいに仲のいい家族に戻りたい。それだけだ」

「君の両親は何度も一緒に生まれ変わっている。二人は今回、それぞれ持ち越してきた感情的な重荷を解放するために一緒になった。君は拡大した意識で二人を観察して理解し、自分にできる最高の愛を表現するチャンスを両親となった魂から与えられた。この件に関わるすべての人が心からよかったと思える結果になるよう祈るといい。その思いはきっと君自身を助けることになるよ」

「そう祈ったら叶うってこと？」

「どんな結果も受け入れることだ。それができるようになるには深い気づきが必要だ。人間意識は自分の望みどおりの結果にこだわりやすい。だけど、もつれた人間関係や理不尽な出来事の背景には高次の目的が存在している。だからこそ制限された人間意識を超えた視点を持つ必要があるんだ」

「望みどおりの結果……。ぼくはただ前と同じような家族に戻りたいだけなんだ。それ以外はいやだ」

「この領域において君は中学生でも子供でもない。三次元世界で学ぶ勇敢な魂として、さまざまなアドバイスを受けることができる。僕が地上で学んだことを受け取るかどうかは君が自分で決めるしかない」

（どんな結果になろうと受け入れる……）

前と同じ仲のいい家族に戻る以外の結果なんて……。そんなことは考えたくなかった。だけどここのエネルギーは、ぼくの頑《かたく》なな心を和らげてくれるらしい。

「自信はないけど、そういう自分になれたらいいと思う」

ぼくは答えていた。

執着していた気持ちは消えて、なぜか素直になれていた。

「わかった。じゃあ続けるよ」

「はい」

「君たちの親の世代の多くは子供の頃、支配的な親の元で育てられた。当時はそれが当たり前だったんだ。社会に認められることが何より優先された時代で、自分らしい生き方なんて現実的じゃなかった。君たちのおじいちゃんたちの世代はもっと厳しかった。親が子供の結婚相手を探し、個人の気持ちは無視されて当たり前だった。それが善かったか悪かったかってことは問題じゃない。みんなその時代の価値観や常識の中で学ぶことを魂レベルで選択して生まれたんだからね」

「うん……（そうか、そういう見方ができるんだ……）」

「君のお母さんは子供の頃からずっと自分に自信がないまま大人になった。親の何気ない言葉に傷つき、それがどんなにつらく悲しかったかを訴えることもできなかった。お母さんは自分は愛される価値がないと心の奥でずっと思っている。そして、そんな自分を好きになれずに憎んでさえいる。だけど本当は誰よりもやさしい愛を求め続けてきた。それなのに、いまだに自分の両親や君のお父さんが、愛を与えてくれないと思い苦しんでいるんだ。自分が自分を愛することの大切さを知るまで、その苦しみや不安が消えることはない」

（まさか……。知らなかった）

「君のお父さんは仕事でうまくいかないことがあって、家族を養う責任の重さに押しつぶされそうになっている。目に見える成功がすべてだと教えられてきたから、家族に自分の弱いところを見せるのは自分のプライドが許さないんだ」

「そうなんだ……」

「魂はさまざまなシナリオを創造して自ら演じ、学んでいく。無条件の愛、そしてすばらしい創造力は誰の中にも備わっていることを人間意識のレベルで思い出すまで」

「自分がシナリオを創造する？」

「君は、あえて特別な才能や資質を携えてこなかった自分を、受け入れることができているかな？　そのままの自分を認めて愛せているかってことだけど」

「よくわかんない……」

すると中央にスクリーンが現われ、教室で席に座っているぼくの姿が映し出された。これは終業式の日の映像だ。冴《さ》えない表情をしたぼくが自分の成績表を見ている。

「この世に生まれたとたん、魂はみな自分が不自由で制限だらけの世界に降りてきてしまったことを感覚的に知る。不完全で未熟な自分、取るに足らない者になってしまったという感覚は強烈だ。そして成長とともにその感覚は強固なものになっていく。両親や社会からもそういうふうに扱われて育つからね」

「うん」

「君が光の自己とひとつになったとき、君は完全なる受容、そしてすべての生命が、そのまま無条件に愛されていることを知った」

「あんな強烈な愛を感じたことはない」

「多くの人は多かれ少なかれそのままの自分を受け入れられず、自己否定の思いに捉われた状態で生きている。それが向上心につながっているろいろな目標を達成する動力源にはなるけれど、自己否定の思いがある限り、いつまでたっても心が平安になることはない。ほんの短い幸せを味わったあとは、また頑張り続けるしかなくなる」

(……そうかも)

「もちろんスポーツのような競争社会で生きながら深い気づきを得る人は、ほんの一握りだけれど存在する。負けや挫折から多くを学べると気づいた人はすばらしい力を発揮できるし、周囲に多大な影響を与えることも多い。そういう人は内心では勝ってよし、負けてよしという域に達している。勝負の結果によって自分自身の価値が決まるわけではないことを知っているからね」

「うん、何かわかる気がする。この選手すごいって思うのはそういう域に達してるからなんだ……」

「君のお母さんは、そのままの自分を受け入れて愛せるようになるために今回の人生を選択した。自分が自分を愛せるようになれば、自然に愛は集まってくることを学ぶために。君のお父さんも同じだ。何を持っていようが持っていまいが、自分の思いどおりになろうがなるまいが、そのままの自分をまず受け入れる。そうすれば内なる領域からさまざまなサポートを引き出せることを学ぶために降りていった。相手や自分自身を責めるだけでは制限された意識から抜け出すことはできない」

「そう言われても、ぼくはいったいどうすればいいんだ？」

「僕が今言ったことを君が二人に話しても、すぐには受け入れないと思う。子供の君に言われたら余計拒否反応を起こすだろう。もちろん言いたかったら言っていいんだ。何をするべきとか何が正しいやり方というものはないからね。ただ、大切なのは君が言いたいことを言うときや、やりたいことをやるときには、思いやりの心を忘れないことだ。それが君の学びだ。正論は時に相手の心を閉ざす結果を招くことがある。それでも言わずにいられないと思ったら言っていいんだ。たとえうまくいかなくても、すべての経験は君を成長させてくれる」

「わかった」

「この次元はあらゆる感情を体験する場所だ。愛する喜び、愛されているという安心感、わくわくする気持ち、感謝の心。愛されない悲しさや認めてもらえない悔しさ。おかしいと感じながらも周りと同じように生きていくしかない窮屈さ。理不尽な出来事に対する恐れや怒り。そして肉体の自分しか感じられないために常につきまとう得体の知れない不安や孤独。誰もが程度の差はあってもすべての感情を体験するようになっている。

一度の人生でこの強烈な三次元世界での学びを卒業できる魂は多くない。けれど今の時代はますます光エネルギーが強くなってきている。だからこそこれほど多くの魂が今の地球に生まれてきてるんだと思う。自分が何者かを忘れた状態を体験し、そして目覚める。両極の状態を一つの人生で体験し味わうには最高のチャンスだからね。内面を大いに揺さぶられるのは大変だけど、正面から向き合う覚悟を決めれば得るものは大きい」

「揺さぶられるのはあまり好きじゃない……」

「だけど今地球にいる人たちは、みな揺さぶられる覚悟を持って生まれてきている。ただ忘れているだけだ。感情的に揺さぶられると人は内側に意識を向けやすくなるからね。誰もがお互いに貢献し合いながら生きていることを忘れないようにね。どんな出会いにも意味があると思えば、客観的に自分を観察できるようになる。そうすれば同じパターンを繰り返す必要もなくなる」

「……はい」

「君たちのような繊細な魂にとって、この地球のエネルギーは強烈すぎるから、自分らしく生きていくのはかなりしんどいって思うかもしれない。僕だって生まれ変わるたびに過去世のことなんて忘れてるから大変な人生だって思いながら生きていた。地球は強烈だからね」

そう言って男の人は懐かしそうに笑った。

(ぼくもいつかこの人みたいに笑って話せるようになるんだろうか?)

「もちろんだ。君たちは僕みたいに過酷な人生を長々と体験する必要はない。今はものすごい光のエネルギーが地球を覆っている。誰もが内なる領域にいる自己とつながりやすくなっている」

「いつもつながっていられたらいいんだけど……」

地上に帰れば、ぼくはただの中学生に戻ってしまう……。

「あぁ。でも、それを選択したのは自分自身だということを忘れないことだ。君は三次元世界を体験したかった。だから今、地球にいる」

「……ぼくはここに来たかったから来た」

そう言葉に出してみたら何だか勇気が湧いてきた。

「そうだ。問題を社会や誰かのせいにしている限り、怒りや苦しみが消えることはない。すべてとつながっている自分を大切にすると決めれば、自分以外の人々に対しても同じような気持ちで向き合えるようになる。いやな感情を体験させてくれた相手にもいつか感謝できるようになりたいと思うなら、必ずそうなれるから」

「わかった。忘れないようにする……。ありがとう」

男の人は光の体に変わって……。そして消えていった。


朝、一階に下りていくと、お母さんが朝食の用意をしていた。ぼくは何か言ってあげたかった。「お母さんはそのままで充分愛される価値のある存在なんだよ」とか……。

だけど、お母さんと目が合ったとたん、口から出てきた言葉は「おはよう……お母さんでよかった」っていう「何？」ってつっこまれそうな一言だった。

でも「どうしたの？」って言いながら、お母さんはうれしそうな顔をしてくれた。まあ今はこれでよしとしよう。

（どうかこの家族みんなが、この人生を選んでよかったと心から思える日が来ますように）

ぼくはみんなが感情的な重荷を解放して、新しい世界への冒険に旅立つ瞬間を想像してみた。できないわけない。だってそのためにみんな今ここに生まれてきたんだから。

でも……。どんな出来事が起きても、必ず乗り越えられるって信じ切ることは、やっぱり難しい。

高次元の自己を生きる

その夜、ぼくは何かが起こる予感がして、早めにふとんに入った。しばらくすると、全身がピリピリっとした柔らかいエネルギーに包まれていった。そして次の瞬間、ぼくは見知らぬ部屋の中に立っていた。

床から少し浮遊した状態で、ぼくは外に出た。渡り廊下を進むと遠くに広大な山々が見えてきた。ある目的地に行くことになっているらしい。そこへ行く方法は自分で考えるしかないみたいだった。

ぼくは飛んでいくことにした。でも上へ上がったかと思うとなぜかスーッと落ちてきてしまい、何度やってもうまく進むことができない。

（そうだ、ロープを使おう）

ロープに摑《つか》まる姿をイメージすると、上のほうからスルスルとロープが下りてきた。

（そっか、ここは思ったものが出現する次元なんだ）

ぼくはロープを使い、ターザンのように向こうの建物へ飛び移ろうとした。何度も建物の近くまで振れていくものの手を伸ばしてもわずかにとどかない。手前まで行ったら手を放して建物の屋上に飛び移ればいいのだけどと思うものの、なかなか勇気が出ない。

そうしてるうちに（ここには失敗ということがないんだ。ただ向こう側へ渡ると決意すれば行けるんだ）という思いがやって来た。そして意を決し、再びターザンのようにロープに摑《つか》まって向こう側へ。手を伸ばしてもちょっと無理な距離だ。だけど勇気を出して（大丈夫、行ける！）と決意すると、いままでの苦労がウソのように、楽々と建物の屋上に降りられた。

屋上から向こう側を見ると広大な芝生が広がっている。芝生の上には大勢の人々がくつろいでいた。ぼくは芝生の向こう側へ今度はロープを使わずに飛んでいこうと思った。そしてみんなにぶつからないぎりぎりの高さで、芝生の上を浮遊するように進んでいった。本当はもう少し余裕のある高さで進みたいのに、なぜかそれ以上高度を上げることはできなかった。だけどそのおかげで、みんなから放射される幸せな思いをはっきりと感じることができた。誰もぼくには気づいていない。みんなにはぼくの姿が見えていないようだ。

広大な芝生の向こう側はゴツゴツした岩場だった。色とりどりの鉱石がびっしり埋まっている美しい場所だけど、かなり歩きにくい。ここは歩いて進むことになっているらしい。

ぼくは靴底にバネがついた靴を出現させた。そして、目的地に着いている自分の姿をイメージしながら進んでいった。

どうやら、最後の目的地に着いたらしい。

（でもここは最終地点じゃない）

そう思ったとたん、遠くのほうにいくつもの山々がそびえ立っているのが見えてきた。ヒマラヤ山脈のような圧倒的な存在感。神々が住む領域という表現がふさわしい神聖な光景でもあった。それを見た瞬間、旅はまだ続いていくんだとわかった。

気づくとぼくはいつもの光のドームにいた。スクリーンに今やったことが映し出された。どこからかイークンの声が聞こえてきた。

「どうだった？」

「すごい達成感でいっぱい」

「君は今、内なる直観がどういうものかを体験したんだよ」

「内なる直観？」

「そう。君は内なる直観を使ってあらゆることに挑戦したんだ。最初、君は目的地まで飛んでいこうとしたけど、うまくいかなかっただろう？

でもすぐに、ロープを使えばと、ひらめいたよね。この世界にはさまざまな道具があるんだから、それらを上手に使って進んでいけばいいってことなんだよ。そして、君はたどり着くと決意しさえすれば、失敗は存在しないことにも気がついた。だから勇気を出して、ロープから手を離したんだろう？」

「うん。自分でも不思議だったけど、なぜかできるって感覚になったんだ」

「二つ目の目的地に行こうとしたとき、君は高度を上げようとしたけど上げられなかった。でもそのおかげで思いがけないことに気がついただろう？」

「うん。芝生でくつろぐ人たちがみんな幸せなエネルギーを放ってるのを感じて、ここはみんなが幸せに暮らしている世界なんだってわかった」

「自分が思ったとおりの道ではなかったけど、却ってそのほうがよかったって君は思ったんだよね」

「そう。ちょっと危なっかしいと思ったけど、あの高さでよかったたって今は思う」

「次の岩場では道具を出現させて、無事目的地に着いているイメージを君は作ったんだね」

「そのほうがいいと思ったんだ。自分でどの岩に足を乗せてとか、どのルートを通ってとか考えないで、ただ目的地に着いてる自分をイメージするほうがいいって」

「君は内なる直観を使って進んでいけば、すべては良かったと思える結果になることを経験したんだよ」

「そりゃあ、いつもあんなふうにできたら最高だけど」

「君がたどり着くと決意しさえすれば失敗は存在しないんだ。制限された意識で考えたやり方にとらわれなければ、必要な道具やサポートは思いがけないところからやって来るんだよ。そして『ゆだねる』という大いなる自己への完全な信頼があれば、どんなことも乗り越えられるということを君に知ってほしかったんだ」

「そっか」

今ならわかる。ぼくはあのとき、失敗するかもしれないっていう不安はなぜか全くなかった。必ずたどり着けることを知っていた。そして何があっても大丈夫という安心感がずっとあった。

「君は自分自身を100％信じていたんだよ」

「確かに『できないかも』って自分を疑ったりはしなかった。どうしてだろう？」

「もし君が小さな個の自分だけを信じてがむしゃらに進んでいこうとしたら、あんなふうにいろんな景色を楽しみながら簡単に目的地にたどり着くことはなかっただろうね。高次元の自己とつながった状態で生きるということはそういうことなんだ。そしてそういう自分を生きていれば、自然に君は世界に光をもたらしていくんだ」

（向こう――地上でもいつもこんな自分でいられたら、そりゃあ……）

「そして遥か彼方《かなた》に見えた神々の領域を思わせる光景。君が感じたとおりだ。僕たちの旅はまだまだ続いていくんだ。個を体験する魂はいずれ原初の神々のエネルギーそのものに還ることになっているんだ。まだまだ遥か先のことだけどね」

（そうなんだ）

「どうしたらいいかわからなくなったら、いつでも内なる声に耳を傾けるんだ。ただし、答えは必ずしも声の形でやって来るわけではない。このエネルギーは三次元世界にいろいろな形で降ろされているんだ。たくさんの人々を通してね。それはあらゆるところにちりばめられているんだよ。偶然流れてきた歌の歌詞の中や、たまたま開いた本のページにメッセージが織り込まれていることも多い。それを見つける楽しみを味わえるのも三次元世界ならではだ」

(でも声のほうが早いんだけど……)

「向こうでしか味わえない体験を楽しんだらいい」

「向こうでしか味わえない体験？」

「そう。内なる領域とつながり始めると、目に見えないアンテナが張り出されるんだ」

ぼくは自分の頭の上や胸のところ、ついでに全身からアンテナがいっぱい立っている姿を想像してみた。

「まあ、そんな感じだ。そうすると突然、思いがけない考えや思いがやって来るようになるんだ。地上ではひらめきとか直感と呼ばれているよ。そしてもっと詳しく知りたいと君が思えば、まったく関係のない誰かがそれに関する情報を持ってきてくれたりするんだよ。また、何気なくやっていたことが、あとになって思わぬところで役立つことがあったりして、すべてがつながっていたことに気づくようにもなるんだ。不思議な偶然の一致、シンクロと呼ばれる現象だよ。今多くの人が目に見えないレベルで何らかの力が働いていることに気づき始めているんだ。そういうサプライズを楽しめるのも三次元世界ならではだよ」

「うん。何か楽しそう」

「ただし、内なる領域にはさまざまな次元が存在しているんだ。不安や恐れに捉われたままでいると、同じ波動のエネルギーを引き寄せやすい。こうなったら絶対いやだという思いも今は実現しやすくなっているんだよ。いつも自分を観察しているようにね」

「うん（すべては自分しだいってことか……）」

「この地球には、重苦しい感情を抱えたまま身動きできない状態の存在がいる領域があるんだ。それは人間意識のすぐ内側の層にあるんだ。だから君が感情的な執着や葛藤を抱えたままだと、その領域とつながりやすくなるんだ。光の自己の声を聞くには、そこを通過してさらに奥のほうの精妙な次元に進む必要があるんだ」

「その領域にいるのって、死んだ人たちの霊ってこと？」

「そう。次元間のベールをはずすということは、あらゆる自己とつながるということなんだよ。大いなる自己から見れば、彼らも君たちも僕もみな『私であるもの』なんだ。不安になったらいつでも幸せを感じている自分を思い出すんだ。大丈夫。今はこんなにたくさんのサポート体制が敷かれてるんだから」

「うん、ありがとう」

ものすごい達成感と最高のサポートを受けている幸せを感じながら、ぼくはそっと目を開けた。

終章——選択

ぼくたち地球人は今、選択を迫られている。このまま制限された意識で今のようなサバイバル体験をずっと続けていくか、この人生を最高のチャンスと捉えて愛と喜びに満ちた世界へ進んでいくか……。

もちろんぼくは愛と自由に満ちた世界での冒険に進みたい。この人生の最期の瞬間、愛で満たされた状態で「いい人生だった」って心から思えたら、きっと新しい世界に直行できる。

生きている間に地球が平和な星に生まれ変わって、宇宙の仲間入りを果たせたらいいとは思う。だけど、ぼくはこの世界を自分の思いどおりに変えることはできないし、人の心を変えることもできない。ぼくにできることは、どんな場面が目の前に現われても、愛と思いやりの心を持って対処していくことだけだ。

世界は混沌としている。目に見える現実だけを観察していたら世界は決して平和にはなれそうにないし、むしろ破滅に向かって突き進んでいるようにも見える。それでもきっと、その中に小さな幸せや喜びを見つけていくことは誰にでもできるようになっているはずなんだ。

だって誰もが愛のエネルギーで創造されたんだから。

「三次元世界での学びを終了させて、新たな冒険の旅に出たいなら今が大チャンスだ」という言葉をぼくは信じる。

内なる直感を信じて進むこと。ほんの少しの勇気。そして、すべてはうまくいくことを知っている感覚。こんな自分を保ち続けていけたら本当に幸せだ。だってそこには不安や恐れが入るすき間がないんだから。

そして誰もが幸せを感じていることを喜べる幸せ。

（早く行きたい）

「あせることはない。失敗は存在しないんだから」

内側からイークンの声が聞こえた。

「そうだね。でもやっぱり一日も早く幸せな地球が見たいよ」

「この苦難はそう長くは続かないよ。その時は近い。その時を楽しみに、今を楽しんで生きていけばいいいんだ」

青く光り輝く美しい地球が目に浮かんだ。

あとがき

二十一世紀に入り、地球の気象はますます激化し、人心も過激さを増してきています。

この激動の時代に生まれてきた子供たちの目に、世界はどんなふうに映っているのでしょうか。たぶん繊細すぎるといわれる彼らはもう気づいているのだと思います。

本当の幸せは、多くの大人が求めているものの中にはないということを。


この本は私の身に起こった不思議な体験や夢を元に、私が二十年以上にわたって内なる自己から学んだ気づきや教え、そして真実だと受け入れた情報を物語にしたものです。

私はそれまで神や天使、まして宇宙人の存在なんて考えたこともありませんでした。何事も経験しなければ信じないタイプの私は、本や誰かの言葉だけでは決して目に見えない世界に意識を向けることはなかったと思います。だから体験が先にきたのでしょう。


どんな出会いや体験も今となってはみな自分を成長させてくれたのだと分かります。家族、友人、そして今まで出会ってくれたすべての方たちに、この場をお借りして心から感謝申し上げます。

この本が読者の皆さんにほんの少しでもお役に立てるなら、こんなうれしいことはありません。

最後になりましたが、この本が完成するまでにたくさんの助言や多大なサポートをしてくださった彩雲出版の高山社長にも心よりお礼を申し上げます。

平成二十七年十月

南川 ひろこ

著者プロフィール
南川ひろこ（みなみかわ ひろこ）
４月１日生まれ。青森県出身。
18 歳で上京。22 歳で結婚。二児をもうける。
下の子の出産時に起こった体験がきっかけとなり、目に見えない世界の探求を始める。
神奈川県在住。専業主婦。

ぼくたちは移行期の地球をサポートするために生まれてきた

平成 27 年 11 月 10 日　初版第 1 刷発行

著　者　南 川 ひ ろ こ
発行者　鈴 木 一 寿

発行所　株式会社 彩雲出版　埼玉県越谷市花田 4-12-11　〒 343-0015
TEL 048-972-4801　FAX 048-988-7161
発売所　株式会社 星 雲 社　東京都文京区大塚 3-21-10　〒 112-0012
TEL 03-3947-1021　FAX 03-3947-1617
印刷・製本　中央精版印刷株式会社

ISBN978-4-434-21210-9
定価はカバーに表示しています

彩雲出版の好評既刊本

松崎　洋

走れ！　T校バスケット部（全10巻）

「読み出したら止まらない」と、バスケ部員やその両親の間でクチコミで広まった、感動と涙と笑いの青春小説。シリーズ累計120万部。

各 1400 円

小名木善行

ねずさんの昔も今もすごいぞ日本人！　1〜3巻

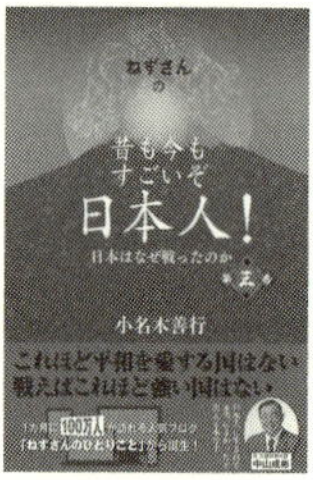

一日に三万人が訪れる人気ブログ「ねずさんのひとりごと」から、日本のすごい話、感動する話を厳選。日本人に生まれて本当に良かったと思える本。

1 巻のみ 1400 円
2 巻以降 1350 円

夏目祭子

ダイエットやめたらヤセちゃった

体と心に無理をさせない「体の声を聞くダイエット」を日本で初めて提唱。リバウンドしない正しいダイエット法として注目を浴びる。堂々のロングセラー。

1600 円

表示価格は本体価格（税別）です